Zufriedenheit

Achtsamkeit

Glück

Die Motivation, die Sie brauchen für eine bessere Lebensführung und ein glücklicheres Leben

Die besten Methoden um die eigene Welt für immer ins Positive zu verändern

Inhaltsverzeichnis

Vorwort

Zufriedenheit, Achtsamkeit und Glück. Was genau sind diese Dinge eigentlich und wie kann man Sie erreichen bzw. in seinem Leben einbringen?

In diesem Buch werden Sie dies erfahren, was Ihr Leben in eine positive Richtung lenken wird! Denn diejenigen, die verstanden haben, zufrieden, achtsam und glücklich durch ihr Leben zu gehen, besitzen einfach eine bessere Lebensqualität.

Doch bevor Sie Ihr Leben zum Besseren verändern können, müssen Sie erst einmal verstehen, was genau diese 3 Begriffe bedeuten.

Zufriedenheit

Laut dem Duden ist man zufrieden, wenn man

a) innerlich ausgeglichen ist und nichts anderes verlangt als das, was man hat, und

b) mit den gegebenen Verhältnissen, Leistungen oder Ähnlichem einverstanden ist und nichts an ihnen auszusetzen hat. Klingt simpel, nicht wahr? Ist es theoretisch auch, aber diesen Geisteszustand zu erreichen ist nicht ganz so einfach wie es sich anhört.

Aber es gibt eine gute Nachricht: Viele haben es bereits geschafft, es ist also definitiv machbar! Und mit Hilfe dieses Buches werden auch Sie erfolgreich sein.

Achtsamkeit

Auch hier gibt es wieder 2 Definitionen:

a) Aufmerksamkeit für die Bedürfnisse anderer Menschen und

b) Besonderer Wahrnehmungs- und Bewusstseinszustand. Wie Sie sich wahrscheinlich schon denken können, ist für unser Ziel lediglich b) von Bedeutung.

Zusammengefasst ist die Achtsamkeit also ein Bewusstseinszustand, den Sie nach Lesen dieses Buchs in Ihr Leben einbringen werden (mehr dazu in einem späteren Kapitel).

Glück

Glück ist ein sehr vielschichtiger Begriff. Glück
kann Ihnen in Bezug auf ein äußeres
Geschehen begegnen (Sie wurden nur knapp
von einem vorbei rasenden Auto verfehlt) oder
im Sinne einer momentanen oder anhaltenden
Empfindung (dem sogenannten Glücksgefühl).

Sie werden in den folgenden Kapiteln lediglich
etwas über das Glücksgefühl lernen.
Die nachfolgenden Seiten bringen Ihnen bei,
wie Sie ein glücklicheres und zufriedeneres
Leben führen können.

Behandeln Sie dieses Buch daher nicht wie
einen Roman, den man einmal durchliest und
dann links liegen lässt. Sehen Sie es als eine
Chance, als einen Neuanfang.

Lesen Sie die Kapitel nicht einfach nur, um Sie gelesen zu haben. Versuchen Sie, sich die Informationen einzuprägen. Am Ende jedes Hauptkapitels finden Sie eine Zusammenfassung mit den wichtigsten Lektionen und Praktiken, die behandelt wurden.

Auf diese Weise können Sie, wenn Sie das Buch einmal durchgelesen haben, immer mal wieder Ihren Wissensstand auffrischen und so sichergehen, dass Sie alles aus dem Buch richtig anwenden.

Wenn Sie die Tipps, die ich Ihnen eben gegeben habe, beachten, steht Ihrer glücklichen Zukunft nichts mehr im Weg!
Also: Viel Spaß beim Lesen und viel Erfolg!

Zufriedenheit

Es liegt in der Natur des Menschen, unzufrieden zu sein. Wenn das nicht so wäre, würden wir vermutlich immer noch in Höhlen leben und unser Essen selbst jagen.

Unzufriedenheit ist also völlig normal. Allerdings kann zu viel davon viele negative Effekte auf das Leben haben. Es ist also sehr wichtig, ein gewisses Maß an Zufriedenheit zu besitzen.

Der Weg dahin mag am Anfang ungewohnt und erschwerlich sein, ihn zu gehen zahlt sich aber ohne Frage aus! Und das Beste daran ist, dass es jeder schaffen kann.

Man braucht dafür keine besonderen
Fähigkeiten oder Unsummen an Geld. Das
Einzige, was Sie auf dem Weg zum Erfolg
brauchen, ist die Einstellung, dass Sie es
schaffen können.

Und wie schon viele andere vor Ihnen, können
Sie das auch! Bringen Sie die Informationen,
die ich Ihnen nun geben werde, in Ihr Leben
ein und Sie werden schnell positive
Veränderungen feststellen können.

Als Erstes der 3 Hauptkapitel bildet
„Zufriedenheit" das Fundament Ihrer Reise in
ein besseres Leben. Das Ziel dieses Kapitels
ist es, Ihnen mehrere positive Gewohnheiten
ans Herz zu legen.

Mit diesen wird Ihre Sichtweise auf Ihr Leben
verändert werden und Sie werden eine
angenehme innere Zufriedenheit verspüren,

wie Sie sie wahrscheinlich noch nie zuvor

erlebt haben.

1.1 Gewohnheit Nr. 1: Meditationspraktiken

Die erste Gewohnheit, die Ihnen ein besseres Leben verschafft, ist Meditation. Keine Angst, um Meditation in Ihr Leben einzubringen, müssen Sie nicht stundenlang am Tag auf einer Yogamatte sitzen und nach Erleuchtung suchen.

Was Sie stattdessen tun werden, sind erst einmal 10 Minuten meditieren am Tag. Suchen Sie sich dafür eine bequeme Position im Sitzen oder Liegen (nein, Sie müssen sich nicht in einen Lotussitz setzen).

Stellen Sie sicher, dass Sie in den 10 Minuten nicht gestört werden: Schalten Sie Ihr Handy auf Flugmodus und legen Sie es beiseite, schließen Sie alle Fenster im Raum, sagen Sie Mitbewohnern, dass sie Sie die nächsten 10 Minuten nicht stören sollen. Wenn alles erledigt ist und die optimale Position gefunden ist, wird es Zeit die Augen zu schließen und mit der Meditation zu beginnen.

Verfolgen Sie für die nächsten 10-15 Atemzüge den folgenden Rhythmus: 4 Sekunden lang durch den Bauch einatmen, die Luft 4 Sekunden lang halten und anschließend 4 Sekunden lang ausatmen.

Nach dieser entspannenden Atemtechnik können Sie wieder in einem normalen Tempo weiteratmen. Dabei wird sich aber weiterhin auf die Atmung konzentriert und es wird in den Bauch geatmet.

Fokussieren Sie sich einzig und allein auf Ihre Atmung und lassen Sie alle anderen Gedanken kommen und gehen. Gerade am Anfang ist es schwer, „an nichts zu Denken", das wird aber von Meditation zu Meditation leichter.

Führen Sie diese Meditation so lange täglich durch, bis Sie fähig sind, Ihre Gedanken zu ignorieren und sich völlig auf eine Sache (in diesem Fall das Atmen) zu konzentrieren.

Wenn das geschafft ist, können Sie mit geführten Meditationen anfangen. Diese dauern in der Regel 30-60 Minuten und können Ihr Wohlbefinden in dieser Zeit erheblich steigern.

Informieren Sie sich im Internet über geführte Meditationen zum Thema Zufriedenheit und Glück, Sie werden genug Auswahlmöglichkeiten finden. Experimentieren

Sie etwas mit diesen geführten Meditationen,

bis Sie die Richtige für sich gefunden haben.

1.2 Gewohnheit Nr. 2: Affirmationen

Affirmationen sind positiv formulierte Aussagen. Diese geben Ihrem Unterbewusstsein eine neue Orientierung und verändern so Ihre Denkweise und somit auch Ihr Leben.

Das funktioniert wie folgt: Man hört sich jeden Tag bestimmte Affirmationen an, die, ohne das wir es bemerken, von unserem Unterbewusstsein aufgenommen und verarbeitet werden.

Nach und nach beginnen wir, wirklich daran zu glauben, was die Affirmationen uns sagen und unser Leben verändert sich. Hier ein Beispiel zur Veranschaulichung: Stellen Sie sich einen typischen Nerd vor, nennen wir ihn Tim, der Angst davor hat, mit Frauen zu sprechen und es nicht schafft, in einer Beziehung zu landen.

Tim beschließt, etwas daran zu ändern und fängt an, mit Affirmationen zu arbeiten, die seinem Unterbewusstsein Nachrichten vermitteln wie „Du bist ein Frauenheld" und „Mit Frauen zu sprechen fällt dir leicht und macht dir Spaß". Nach einer Weile prägen sich diese Affirmationen in sein Unterbewusstsein ein und er fängt langsam an, an Selbstvertrauen zu gewinnen.

Er beginnt damit, hin und wieder Frauen anzusprechen und wird immer besser darin. Alles dank den Affirmationen. Diese Macht der Affirmationen werden auch Sie sich zunutze machen.

Suchen Sie sich aus dem Internet ein Affirmationsvideo zum Thema Zufriedenheit heraus und fangen Sie an, sich dieses einmal am Tag anzuhören.

Die Meditationstechnik, die Sie in dem letzten Kapitel gelernt haben, lässt sich hiermit wunderbar kombinieren. Hören Sie sich das Video einfach beim Meditieren an (das ist kein Muss, kann aber beim Einprägen der Affirmationen helfen).

Des Weiteren ist sehr zu empfehlen, sich die Affirmationen kurz vor dem Schlafen gehen anzuhören oder sogar beim Hören einzuschlafen.

Tagsüber wird das Unterbewusstsein mit unzähligen Eindrücken konfrontiert, dass es verarbeiten muss. Während des Schlafes allerdings braucht es sich um Solche nicht zu kümmern und es kann sich dem Verarbeiten von gelernten bzw. im Gedächtnis gebliebenen Informationen widmen.

Wenn die Affirmationen also kurz vor dem Einschlafen angehört werden, sind sie das Letzte, was man hört und prägen sich besser in das Unterbewusstsein ein! Wenn Sie sich kein Affirmationsvideo anhören wollen, können Sie auch eine andere Taktik anwenden.

Überlegen Sie sich 5 Affirmationen, die zu Ihrem Ziel, also zufriedener zu werden, passen. Hier ein paar Anregungen: „Ich bin mit meinem Leben vollkommen zufrieden", „Ich sehe in Allem das Beste".

Wiederholen Sie Ihre 5 Affirmationen beim Einschlafen immer wieder im Kopf. Auf diese Weise prägt sich das Unterbewusstsein ebenfalls alles gut ein.

Natürlich reichen Affirmationen allein nicht aus, um das Ziel zu erreichen, was man mit ihnen erreichen will, dazu benötigt es trotzdem den Willen etwas zu verändern.

Trotzdem werden die Affirmationen Sie einen großen Schritt näher an Ihr Ziel bringen!

1.3 Gewohnheit Nr. 3: Morgenroutine

So gut wie alle erfolgreichen Menschen haben eine Routine, die sie jeden Morgen durchführen und die sie für den Tag motiviert.

Diese Gewohnheit sollten auch Sie für sich nutzen. Hier sind ein paar Dinge, die Sie in Ihre Morgenroutine einbauen sollten:

1. Bett machen

Etwas sehr simples, was dennoch die meisten Leute nicht konsequent durchführen. Machen Sie möglichst direkt nach dem Aufstehen Ihr Bett. Auch wenn es nur eine kleine, einfache Aufgabe ist, wird das Wissen, sie erledigt zu haben, Sie mit einer inneren Zufriedenheit gleich am Anfang des Tages belohnen.

Sie werden sich gut fühlen, weil Sie etwas, was Sie sich vorgenommen haben, auch wirklich getan haben.

2. Wofür sind Sie dankbar?

Setzen Sie sich mit einem Stift und einem Blatt Papier an einen Tisch. Gehen Sie nun tief in sich und schreiben Sie alles auf, wofür Sie dankbar sind. Schreiben Sie alles auf, selbst wenn es für Sie erst einmal klein und unwichtig erscheint.

Lesen Sie sich die Liste anschließend noch einmal durch und stellen Sie sich vor, was wäre, wenn Sie diese Dinge nicht hätten. Wie würden Sie sich fühlen?

In welcher Weise würde das Ihr Leben beeinflussen? Diese Fragen verstärken noch einmal die Dankbarkeit, die Sie verspüren werden.

3. Frühsport

Treiben sie etwas Sport am Morgen, bewegen Sie sich. Dabei ist es nicht wichtig, ob Sie Liegestütze machen, sich dehnen oder einfach nur etwas Yoga betreiben.

Wichtig ist nur, dass Sie in Bewegung kommen und somit wach und energiegeladen in den Tag starten können.

4. Frühstück mit viel Eiweiß und Fett

Über die Jahre hat sich ein sehr kohlenhydratreiches Frühstück eingebürgert. Wenn Sie an ein typisches Frühstück denken, denken Sie vermutlich auch an ein paar belegte Brötchen oder ein einfaches Müsli, wenn es mal schnell gehen muss.

Die Begründung dafür lautete immer, dass die Kohlenhydrate uns mit viel Energie versorgen.

Wenn man morgens also viel davon ist, erhält man viel Energie und ist den Tag über leistungsfähig. Das ist allerdings nur eine Halbwahrheit. Es stimmt zwar, dass Kohlenhydrate Sie mit Energie versorgen, allerdings nur für eine kurze Zeit, die lange nicht für den ganzen Tag reicht.

Ein besseres Frühstück ist Eiweiß- und Fetthaltig wie z.B. ein Omelett oder ein Steak. Essen wie dieses versorgt Sie konstant mit Energie, sodass Sie sich besser konzentrieren können und mehr Energie für den Tag haben.

Diese 4 Dinge sollten auf jeden Fall in Ihrer Morgenroutine enthalten sein. Machen Sie sich dennoch noch einmal Gedanken über Ihre zukünftige Routine und passen Sie sie nach Ihren Wünschen an.

Immerhin ist es Ihre persönliche Routine und nicht die eines Anderen! Wahrscheinlich fragen Sie sich jetzt, wie Sie dadurch zufriedener werden sollen. Ganz einfach: Der Mensch fühlt sich wohl, wenn eine bestimmte Gewissheit herrscht. Im Alltag ist Ihr Gehirn ständig damit beschäftigt, vorherzusagen, was als Nächstes passieren wird.

Es könnte jeden Moment eine Gefahr drohen, die es zu bewältigen gilt. Erst, wenn das Gehirn in einer gewohnten Umgebung ist oder eine gewohnte Tat verrichtet, fühlt es sich einigermaßen sicher.

Diese Gewissheit einer weitestgehenden Sicherheit wird Ihnen das Gefühl geben, zufriedener zu sein als ohne. Abgesehen davon ist es auch noch Gesund, Sie schlagen also zwei Fliegen mit einer Klatsche!

Es wird eine Weile dauern, bis Sie Ihre Morgenroutine verinnerlicht haben, am Anfang werden Sie sie vermutlich sogar leicht anstrengend finden.

Doch wenn sie ein Teil von Ihnen geworden ist, werden Sie sie für immer beibehalten wollen!

1.4 Gewohnheit Nr.4: Lösungen statt Pessimismus

Sie kennen das wahrscheinlich: Sie denken, dass es ein guter Tag wird und plötzlich taucht ein Problem auf, dass Ihnen Schwierigkeiten bereitet.

Das Auto springt nicht an, den Gefallen, den Ihre Freundin für Sie tun wollte wird sie nun doch nicht erledigen, etc. Die meisten Leute lassen sich durch solche Vorkommnisse die gute Laune oder sogar den ganzen Tag verderben.

Sie steigern sich immer mehr in die negativen Aspekte hinein und beschweren sich unzählige Male. Was die Meisten nicht wissen, ist das Probleme auch eine gute Seite haben: Nämlich ein unglaubliches Glücksgefühl nach dem Lösen.

Es gibt im Grunde also zwei Wege, in die ein Problem Sie führen kann: Der Weg des Pessimismus, der Ihnen nichts als negative Gefühle und oft sogar noch mehr Probleme bringt und den Weg der Problemlösung.

Gewöhnen Sie sich also an, bei Problemen nach Lösungen zu suchen. Analysieren Sie Ihr Problem, anstatt es nur zu verfluchen. Wenn Sie es dann beseitigt haben, werden Sie mit sich selbst zufrieden sein.

Und das ist auch schon der ganze Trick dahinter. Natürlich können Sie nicht immer alle Probleme lösen, aber allein das gute Gewissen, dass Sie nach einem Versuch haben werden, wird Ihre Stimmung und Ihre Zufriedenheit heben. Spätestens nach ein paar

Wochen werden Sie dadurch eine allgemein
viel zufriedenere Stimmung besitzen.

Und das alles nur dank einer neuen
machtvollen Gewohnheit, die Sie sich
zusammen mit vielen anderen angewöhnt
haben.

Zusammenfassung „Zufriedenheit"

Durch die richtigen Gewohnheiten werden Sie zufriedener.

Gewohnheit 1: Meditationspraktiken

➡10 Minuten/Tag reichen aus (auf Wunsch kann die Zeit auch erhöht werden)

➡Durchführung: Bequeme Position finden, Störungsfaktoren ausschalten, zum Entspannen 15 Atemzüge lang im 4/4/4 Rhythmus atmen (4 Sekunden ein, 4 Sekunden halten, 4 Sekunden aus), danach normal weiter Atmen und nur auf die Atmung konzentrieren, Gedanken kommen und gehen lassen

➡Wiederholen, bis die Fähigkeit, sich auf eine Sache zu fokussieren erlangt ist

➡Danach: Mit geführten Meditationen zum
Thema Zufriedenheit fortfahren

Gewohnheit 2: Affirmationen

➡Affirmationen= Aussagen, die im
Unterbewusstsein aufgenommen werden
➡Affirmationsvideo/-audio aus dem Internet
heraussuchen und ein mal pro Tag anhören
➡Tipps: Affirmationen mit Meditation
verbinden/ Affirmationen kurz vor dem
Einschlafen oder beim Einschlafen anhören
➡Andere Möglichkeit außer Video/Audio: 5
Affirmationen heraussuchen und beim
Einschlafen im Kopf wiederholen

Gewohnheit Nr.3: Morgenroutine

➡ In Morgenroutine einbauen: Bett machen,
Dinge, wofür Sie dankbar sind aufschreiben,
Sport treiben, Eiweiß- und Fetthaltiges
Frühstück
➡ Persönliche Morgenroutine erstellen

Gewohnheit Nr.4: Lösungen statt Pessimismus

➡ Bei Problemen nicht beschweren, sondern
Lösungen suchen
➡ Suchen und finden von Lösungen löst
Zufriedenheit aus
➡ Bei nicht gefundener Lösung: Wissen, dass
Versuch da war lässt auch zufriedener werden

Achtsamkeit

Der Großteil der Menschheit geht auf Autopilot durchs Leben. Sie erleben zwar alle möglichen Dinge, sind aber nie richtig bei der Sache. Hier ein Beispiel: Ein Mann namens Charlie wird in seinem Büro von seinem Chef angesprochen, es geht um etwas sehr Wichtiges, was die ganze Firma betrifft.

Während Charlie mit immer mehr Informationen konfrontiert wird, schweifen seine Gedanken ab: Er muss an den Streit mit seiner Tochter am Abend zuvor denken. Auf einmal fragt ihn sein Chef, was er von der ganzen Sache halten würde. Beschämt und aus der Fassung gebracht beichtet Charlie, dass er nicht richtig zugehört hat, worauf sein Chef ihn in sein Büro bittet. Ein paar Stunden und ein unangenehmes Gespräch später spricht Charlies' Frau ihn an. Sie fängt an, über ein Ereignis zu reden, dass ihr am Tag zuvor geschehen ist.

Doch auch hier hat Charlie wieder dasselbe Problem: Er schweift ab. In seinen Gedanken sorgt er sich um den nächsten Arbeitstag, da er befürchtet, gefeuert zu werden.

Als er bemerkt, dass ihn seine Frau erwartungsvoll ansieht, muss er auch ihr beichten, dass er nicht richtig zugehört hat, worauf sie beleidigt aus dem Raum verschwindet. Das Thema, über dass sie geredet hat, scheint ihr wichtig gewesen zu sein.

Es existieren unzählige Beispiele wie diese zwei, die klar machen, wie wichtig Achtsamkeit eigentlich ist. Das Level an Achtsamkeit, dass

Sie hervorbringen können, hat Einfluss auf vieles in Ihrem Leben: Erfolg in Ihrer Karriere, Ihr Selbstvertrauen und mehr.

Im Folgenden werden Sie lernen, wie Sie achtsamer werden können und somit eine viel bessere Lebensqualität erreichen. Es erfordert ein wenig Geduld, aber das Endresultat ist es ohne Frage Wert!

2.1 Wie Sie achtsamer werden

Beginnen Sie gleich mit Ihrer ersten Übung.
Sie dauert nur eine Minute und ich möchte,
dass Sie sie sofort ausführen. Brechen Sie
dafür alles ab, was Sie gerade tun (auch das
Lesen) und schauen Sie ein beliebiges Objekt
an, z.B. Ihre Uhr.

Schauen Sie die ganzen 60 Sekunden lang auf
dieses Objekt und denken Sie einfach nur
daran, wer Sie sind.

Ihre Haarfarbe, Ihr Aussehen, Ihre
Lebensweise u.s.w. Beurteilen Sie dabei nicht.
Führen Sie diese Übung jetzt aus.
Nun, da Sie die erste Übung vollendet haben,
werden Sie vermutlich festgestellt haben, dass
Sie, selbst während einer so kurzen

Zeitspanne, nicht vollkommen achtsam sein konnten.

Ihre Gedanken wanderten wahrscheinlich von Ihrem Aussehen zu dem Wunsch eines neuen Oberteils oder zu einem ähnlichen Thema. Aber keine Sorge, das ist völlig normal! Das ist bei Allen so, die sich zuvor noch nie mit diesem Thema auseinandergesetzt haben.

Nachdem Sie verstanden haben, dass Sie nicht so achtsam sind, wie Sie vielleicht gedacht haben, möchte ich, dass Sie Ihre Aufmerksamkeit auf alltägliche Aktivitäten richten.

Wenn Sie das nächste Mal etwas essen, seien Sie sich dem bewusst. Bemerken Sie, wie Sie sich hinsetzen, wie Sie Ihr Essen kleinschneiden und wie Ihre Mahlzeit schmeckt. Denken Sie nicht zu stark darüber nach und Beurteilen Sie nichts.

Beobachten Sie einfach nur. Wenn Sie das nächste Mal Ihr Haus verlassen, nehmen Sie auch das richtig wahr. Versuchen Sie, auf diese Weise so viele Aktivitäten wie möglich zu beobachten. Das ist der erste Schritt zu einem achtsameren Leben.

2.2 (Negative) Emotionen

Kommen wir nun zu der schwersten aber auch
Lohnenswertesten Hürde: Ihre Emotionen.
Allem voran: Die negativen. Negative
Emotionen wie Wut, Neid, Hass oder Trauer
sind der größte Feind des achtsamen
Denkens.

Während einem negativen Gefühlsausbruch
handeln wir am unbewusstesten. Es kommen
immer mehr negative Gedanken zum
Vorschein und manchmal handeln wir dadurch
sogar, ohne überhaupt über unser Handeln
nachzudenken.

Wenn Sie das nächste Mal so einen "Sturm"
aus negativen Gedanken bemerken, handeln
Sie anders als zuvor. Lassen Sie die

Gedanken kommen und gehen, aber beobachten Sie sie dabei. Hier ein Beispiel zur Veranschaulichung: Sie fahren mit Ihrem Wagen zur Arbeit und sind eigentlich in bester Laune.

Plötzlich schneidet Sie ein anderer Fahrer haarscharf. Es kommt zu keinem Unfall. Dennoch fangen Sie an, wütend zu werden. Je länger der Moment her ist, desto mehr regen Sie sich darüber auf. „Was wäre, wenn ich meine Kinder im Auto gehabt und er einen Unfall verursacht hätte?" „Vielleicht komme ich seinetwegen jetzt zu spät zur Arbeit!" „ Ich hoffe, er hat meinen Wagen nicht doch gestreift, ich will nicht in die Werkstatt fahren müssen!"

Die Gedanken kommen und kommen und kommen, ohne Pause. Anstatt sich in diese Gedanken hineinzusteigern, beobachten Sie

sie. Stellen Sie es sich so vor, als wären Sie eine andere Person, die Ihre Gedanken verfolgen kann und sie einfach nur wahrnimmt, ohne Sie auch nur im geringsten zu Verurteilen.

Die ersten paar Male werden Sie das bestimmt noch nicht schaffen, was aber kein Problem ist. Nach ein paar Versuchen wird es Ihnen gelingen! Stellen Sie sich einmal vor, auf welche Weise das Ihr Leben verändern würde.

Je besser Sie im Beobachten werden, desto weniger Sachen werden Sie in eine schlechte Laune versetzen. Es wird Ihnen möglich sein, über viele Dinge hinwegzusehen und sich nicht mehr mit den negativen Gefühlen zu identifizieren.

Im Grunde entwickeln Sie also eine höhere Lebensqualität und haben mehr Spaß im und am Leben. Abgesehen davon, werden Sie in vielen Situationen besser reagieren können und Sie werden sich selbst besser kennenlernen.

2.3 Meditation für eine höhere Achtsamkeit

Auch wenn es darum geht, Ihre Achtsamkeit zu erhöhen, kann Meditation eine große Hilfe sein. Ich empfehle Ihnen, die Achtsamkeits-Meditation selbst auszuführen und in diesem Fall auf eine geführte Meditation zu verzichten.

Wenn Sie unbedingt eine geführte Meditation probieren möchten, können Sie es dennoch versuchen, denn auch diese kann gute Resultate erzielen.

Suchen Sie sich in diesem Fall, wie schon im Kapitel "Zufriedenheit" beschrieben, aus dem Internet die richtige Meditation für sich heraus. Probieren Sie verschiedene aus, bis Sie die Perfekte für sich gefunden haben.

Kommen wir nun zur selbst ausgeführten Achtsamkeits-Meditation.

Bereiten Sie sich zunächst wie immer vor: Suchen Sie sich eine bequeme Position, eliminieren Sie Störfaktoren (nur bei einer Variante) u.s.w. Wenn das erledigt ist, können Sie sich für eine der folgenden zwei Varianten der Meditation entscheiden:

1. *Äußerliche Faktoren*

Wenn Sie sich für diese Variante entschieden haben, brauchen Sie nicht alle Störfaktoren eliminiert zu haben.

Sorgen Sie lediglich dafür, dass Sie während der Meditation niemand akut stören wird. Schließen Sie Ihre Augen und beginnen Sie zunächst mit der 4/4/4 Atemtechnik aus dem Kapitel „1.1 Gewohnheit Nr.1: Meditation".

Führen Sie sie für 10-15 Atemzüge aus. Wenn Sie entspannt sind, können Sie damit beginnen, auf die äußerlichen Faktoren zu achten. Achten Sie darauf, was Sie hören, riechen und fühlen können.

Seien Sie ein Wissenschaftler, der seine Umwelt lediglich beobachtet und noch keine Schlüsse zieht. Er versucht erst einmal nur, Informationen zu sammeln. Wenn Sie ein Auto vorbeifahren hören, machen Sie sich klar, dass gerade ein Auto vorbeigefahren ist, aber beurteilen Sie es nicht.

Nehmen Sie es nur wahr und achten Sie anschließend wieder auf die nächste Wahrnehmung.

Diese Meditation lässt sich auch als eine kleine Übung zwischendurch in den Alltag einbringen. Wenn Sie z.B. das nächste Mal in einem Zug sitzen, hören Sie keine Musik und spielen Sie keine Spiele auf Ihrem Handy. Führen Sie stattdessen während der Fahrzeit die Meditation durch.

Wenn Sie Ihre Augen dabei nicht schließen wollen, ist das in diesem Fall auch kein Problem. Suchen Sie sich einfach einen Punkt, den Sie für den Rest der Fahrzeit ansehen können und fokussieren Sie sich auf diesen Punkt, anstatt die Augen zu schließen.

Solange Sie nicht anfangen, mit Ihrem Blick wieder umher zu wandern, können Sie auch so die Meditation ausführen, ohne von etwas in Ihrem Sichtfeld abgelenkt zu werden.

2. Innere Faktoren (Gedanken)

Die zweite Variante ist im Prinzip das, was ich Ihnen bereits in „2.2 (Negative)Emotionen"

erklärt habe, nur als eine vollständige
Meditation.

Beginnen Sie auch bei dieser
Meditationsvariante mit der 4/4/4 Atemtechnik,
ebenfalls für 10-15 Atemzüge, bis Sie
entspannt sind. Hier ist es im Gegensatz zu
der 1. Meditationsvariante wieder wichtig, alle
Störfaktoren auszuschalten. Achten Sie nun
auf Ihre Gedanken.

Wie vorher bereits erwähnt, ist es das Ziel,
nicht zu beurteilen oder zu analysieren.
Denken Sie zur Hilfe wieder an den
Wissenschaftler: Wenn ein Gedanke auftaucht,
wird er wahrgenommen (notiert) und es wird
wieder auf den Nächsten geachtet.

Versuchen Sie diesen Zustand so lange wie
möglich aufrechtzuerhalten. Es wird (selbst
wenn Sie später einmal erfahrener sind) ab

und zu passieren, dass Sie diesen Zustand der nicht beurteilenden Aufmerksamkeit verlieren.

Das ist völlig natürlich und wenn das passiert, brauchen Sie sich keine Sorgen darüber zu machen. Probieren Sie einfach, den Zustand wieder herzustellen.

Natürlich können Sie auch diese Variante wunderbar in Ihren Alltag einbringen. Achten Sie aber darauf, dass Sie es nur in ungefährlichen Situationen ausüben. Beim Autofahren oder beim Arbeiten mit schweren Maschinen z.B. sollten Sie diese Übungen niemals ausführen.

Zusammenfassung „Achtsamkeit"

Die meisten Leute gehen auf Autopilot durchs Leben. Sie sind nicht 100 % bei der Sache und verpassen auf diese Weise Chancen und lassen sich von ihren Gefühlen überrennen.

Die Fähigkeit zu besitzen, achtsam zu sein und sich auf den Moment konzentrieren zu können, erhöht die Lebensqualität und bringt viele Vorteile wie z.B. mehr Selbstbewusstsein und eine erfolgreiche Karriere. Mit diesen Praktiken werden Sie achtsamer:

1. Schritt

➡Bei alltäglichen Dingen wie z.B. Mittagessen: Bewusst werden, was man gerade tut. Nicht beurteilen oder zu stark nachdenken, einfach nur bewusst werden.

2. Schritt: (Negative) Emotionen

➡️Negative Emotionen lassen uns unachtsam werden und unüberlegt handeln, außerdem verändern sie oft die Gefühlslage

➡️Ein negativer Gedanke führt zum Nächsten

➡️Beim Nächsten Aufkommen negativer Emotionen: Emotionen kommen und gehen lassen, aber diese dabei beobachten. Nicht näher auf die Gedanken eingehen oder sie analysieren, nur wie ein dritter Beobachter die Gedanken wahrnehmen

➡️Durch dieses Training werden Sie sich immer weniger mit solchen negativen Gedanken identifizieren oder sich in sie hineinsteigern, was zu einer besseren Laune, ein höheres Selbstverständnis und zu einer allgemein verbesserten Lebensqualität führt

3. Schritt: Meditation

➡️Am besten: Eigene Meditation, keine Geführte (Geführte kann dennoch helfen)

➡Es existieren 2 Arten der Achtsamkeits-Meditation

1.Äußerliche Faktoren

➡Nicht alle Störfaktoren müssen ausgeschaltet werden, es darf Sie nur niemand während der Meditation stören

➡4/4/4 Atemtechnik 10-15 Atemzüge lang bis zur Entspannung

➡Auf Sinneswahrnehmungen wie Gehör und Geruch achten

➡Nur wahrnehmen, nicht beurteilen!

2. Innere Faktoren (Gedanken)

➡Alle Störfaktoren ausschalten

➡4/4/4 Atemtechnik 10-15 Atemzüge lang zur Entspannung

➡Auf Gedanken achten, aber nicht beurteilen. Wie in Schritt 2: Gedanken beobachten bzw. kommen und gehen lassen

➡Beide Meditationen auch als kurze Übung im Alltag einsetzbar

➡Meditationen/Übungen nur bei kompletter Sicherheit ausüben (nicht beim Autofahren u.s.w)

Glück

Jeder Mensch möchte glücklich sein. Dabei spielen viele verschiedene Faktoren eine Rolle: Die Einstellung, das Umfeld und vieles mehr.

Im Folgenden werde ich Ihnen viele verschiedene Wege zeigen, die Sie zu einem glücklicheren Leben führen können. Nicht alle diese Wege werden die richtigen für Sie sein. Wir alle sind unterschiedlich, weshalb manche Wege bei Ihnen vielleicht nicht so gut funktionieren, wie bei jemand anderem.

Was aber zählt, ist, dass Sie auf jeden Fall eine oder mehrere Möglichkeiten für sich finden werden können!

3.1 Beschweren Sie sich weniger

Viele beschweren sich schon automatisch, wenn ihnen etwas nicht passt. Es ist ganz einfach leichter, sich über etwas zu beschweren, als über eine Lösung nachzudenken oder nach der positiven Seite zu suchen.

Es fühlt sich ganz einfach gut an, sich zu beschweren und seinem Ärger freien Lauf zu lassen. Wie viele andere Sachen, die sich gut anfühlen, wie z.B. Rauchen oder Fastfood essen, ist auch Beschweren etwas, was Ihnen schadet (und zwar mehr, als sie denken) und was Sie größtmöglich aus Ihrem Leben verbannen sollten.

Je mehr Sie sich beschweren, desto mehr werden Sie es auch in Zukunft machen: Denn häufiges Beschweren lässt Ihr Gehirn negativer Denken als zuvor.

Was zunächst vielleicht etwas Suspekt für Sie klingen mag, lässt sich ganz einfach erklären. Unser Gehirn arbeitet nicht gerne. Es möchte stets den Weg des geringsten Widerstandes gehen und nicht härter arbeiten als nötig.

Wenn Sie eine Gewohnheit, wie in diesem Fall das Beschweren, ständig wiederholen, sorgt das Gehirn dafür, dass diese Tätigkeit in Zukunft einfacher ausgeführt werden kann.

So einfach, dass Sie manchmal gar nicht bemerken, dass Sie sie überhaupt ausführen. Wiederholtes Beschweren bringt Ihr Gehirn also dazu, sich immer wieder zu beschweren. Beschweren wird zu Ihrer

Standard-Verhaltensweise, was die Sicht anderer Leute auf Sie verändert. Denken Sie einmal darüber nach: Mit wem würden Sie lieber Kontakt pflegen?

Mit einer positiv eingestellten Person, die für die Lösung von Problemen sorgt und andere durch ihre Persönlichkeit eine bessere Laune verschafft, oder mit einer negativ eingestellten Person, die Probleme höchstens noch schlimmer macht und andere durch ihre Persönlichkeit runterzieht?

Die Gewohnheit, sich ständig zu beschweren, kann also sogar Ihren Freundes- und Bekanntenkreis beeinträchtigen. Nicht nur das, es existieren noch weitere Nachteile, wie z.B. die Ausschüttung von Stresshormonen. Keine Angst, Sie sind mit diesem Problem nicht alleine.

Wir Menschen sind von Natur aus soziale Wesen, was unser Gehirn dazu gebracht hat, automatisch die Aktionen, Mimiken und Stimmungen von Leuten um uns herum zu kopieren.

Dieser Prozess bildet die Basis unserer Fähigkeit, Empathie zu empfinden und wird „neuronale Spiegelung" genannt. Dadurch werden Sie von der schlechten Stimmung eines Menschen, der sich andauernd beschwert, sozusagen angesteckt.

Vermutlich fragen Sie sich jetzt: „Wenn es so natürlich ist, wie kann ich es dann verringern?" Wenn Sie das Verlangen verspüren, sich über etwas zu beschweren, gibt es 2 Reaktionsweisen:

1.Weniger Cortisol durch Dankbarkeit

Wenn Sie sich das nächste Mal über etwas beschweren wollen, lenken Sie Ihre Aufmerksamkeit stattdessen auf etwas, wofür Sie dankbar sind.

Eine Nachforschung der Universität in Kalifornien, Davis, ergab, dass Personen, die täglich darauf hinarbeiten, eine positive Haltung der Dankbarkeit zu entwickeln, eine bessere Laune und mehr Energie entwickeln, dank gesenktem Cortisol.

2. Beschweren mit dem Ziel einer Lösung

Wenn Sie einmal nicht anders können, als sich über etwas zu beschweren, dann tun Sie dies auf eine andere Weise als gewöhnlich.

Normalerweise würden Sie nur die Sachen aufzählen, die Sie stören oder sich über die

Konsequenzen beklagen, die das Geschehnis oder die Situation, über die Sie sich beschweren, mit sich bringt. Von nun an werden Sie durch das Beschweren die negativen Aspekte auf ein Minimum verringern.

Sie können es „beschweren mit Zweck" nennen. Das sollte wie folgt ablaufen: Bevor Sie sich beschweren, machen Sie sich klar, welches Endresultat Sie anstreben. Wenn Sie keinen Zweck festmachen können, werden Sie sich wahrscheinlich nur aus den falschen Gründen beschweren wollen.

Wenn Sie das feststellen, wechseln Sie zur ersten Methode. Ihre neue Art der Beschwerde sollte immer mit etwas Positivem beginnen.

Das verhindert, dass eine eventuelle andere, mit involvierte Person definitiv negativ auf Ihre Beschwerde reagiert. Seien Sie des weiteren sehr genau. Involvieren Sie nur die aktuelle Situation und bringen Sie nichts aus der Vergangenheit mit in Ihre Beschwerde.

Genau wie am Anfang sollten Sie Ihre Beschwerde außerdem auch positiv beenden. Wenn Sie diese 2 Herangehensweisen beherzigen und Sie das erklärte Wissen über das Beschweren dabei im Hinterkopf behalten, wird es Ihnen gelingen, ein glücklicherer Mensch zu werden.

3.2 Fangen Sie jetzt an!

„Es ist noch nicht zu spät. Sie liegen nicht zu weit zurück, sondern sind genau da, wo Sie sein sollten. Jeder Schritt ist notwendig. Machen Sie sich nicht dafür fertig, wie lange Ihr Weg dauert. Jeder braucht seine eigene Zeit, um seinen eigenen, individuellen Weg zu gehen. Seien Sie für das, was Sie bis jetzt erreicht haben, dankbar und machen Sie den nächsten Schritt nach vorne. Machen Sie nicht den Fehler, Ihre Zeit und Energie damit zu verschwenden, gegen Ihre jetzige Situation anzukämpfen. Akzeptieren Sie sie und benutzen Sie Ihre Zeit und Energie stattdessen lieber dafür, dorthin zu gelangen, wo Sie hin möchten."

Diesen kleinen, aber machtvollen Ratschlag sollten Sie verinnerlichen. Jeder hat ein Ziel,

dass er im Leben erreichen möchte. Einen
Traum, den er verfolgt. Egal, welchen Traum
Sie haben, haben Sie keine Angst davor, ihn
zu verfolgen!

Machen Sie den ersten Tag nach dem Lesen
dieses Buchs zu Ihrem „Tag 1", aber zählen
Sie von da an nicht die Tage, sorgen Sie
stattdessen dafür, dass jeder einzelne
zukünftige Tag zählt!

Zu wissen, dass man nicht alles getan hat, um
den eigenen Traum zu verwirklichen, kann
sehr belastend sein. Man schämt sich dafür vor
der einzigen Person, deren Meinung wirklich
zählt: Man schämt sich vor sich selbst.

Dem wirklichen Glücklichsein steht das im
Weg. Sie müssen anfangen, sich den
Ratschlag, den ich Ihnen oben hinterlassen
habe, zu Herzen zu nehmen. Fangen Sie an,

auf Ihren Traum hinzuarbeiten und hören Sie
nicht auf, bis Sie sich ihn erfüllt haben!

3.3 Toxische Menschen

Hier eine kleine Geschichte für Sie.

Felix ist leidenschaftlicher Altenpfleger. Er hat mit allen Bewohnern des Pflegeheims, in dem er arbeitet und auch mit seinen Mitarbeitern ein gutes Verhältnis.

Sein Chef hält viel von ihm und vertraut ihm des Öfteren wichtige Aufgaben an. Eines Tages wird ein neuer Mitarbeiter namens Stan eingestellt.

Felix kann zunächst gut mit ihm, dennoch besitzt Stan eine gewisse Ausstrahlung, die ihn unsympathisch werden lässt, Felix weiß nur noch nicht genau, woran das liegt. Das Erste, was nach ein paar Tagen an Stan auffällt ist, dass er immer sehr negativ über sein Leben

redet. Man könnte meinen, er wäre der
Mensch mit dem härtesten Schicksal auf dieser
Welt.

Des Weiteren ist Felix aufgefallen, dass Stan,
wenn ihm von einer Errungenschaft im
persönlichen Leben eines Mitarbeiters erzählt
wird, er diesen nicht beglückwünscht oder
aufbaut, sondern das genaue Gegenteil macht.
Es scheint, als würde er versuchen, alles
schlecht zu reden und positive Gedanken im
Keim zu ersticken.

Trotz seiner unsympathischen Art behandelt
ihn Felix wie seine anderen Kollegen. Er ist
immer nett und fair zu ihm. Umso mehr schockt
es ihn, als er erfährt, dass Stan hinter seinem
Rücken über ihn lästert.

Vor allem weil die Sachen, die er erzählt, gar
nicht der Wahrheit entsprechen. Als

Entschuldigung lädt ihn Stan zum Essen ein. Als die zwei bezahlen wollen, erfährt Felix, dass er das Essen von Stan bezahlen muss, da er laut eigener Aussage kein Geld dabei hat. Anstelle eines Dankeschön bittet er ihn, ihm weiteres Geld zu leihen, da er Schulden habe.

Auch wenn diese Geschichte frei erfunden und etwas hoch gestapelt ist, werden Sie dieser Art von Mensch mit Sicherheit schon einmal begegnet sein.

Toxische Menschen wie Stan machen von dem Moment an, in dem sie in Ihr Leben treten, nur Probleme und können Ihr Leben um einiges schwieriger machen.

Toxische Menschen besitzen viele unangenehme Eigenschaften: Sie machen aus ihrem Leben ein Drama oder sind tatsächlich von einem Umgeben (meistens übertreiben sie aber mit ihren Geschichten), sie versuchen andere Leute zu manipulieren oder gar zu kontrollieren, sie sind meist sehr bedürftig (es geht immer nur um sie und ihre Probleme haben gegenüber denen von anderen ihrer Meinung nach immer Vorrang).

Sie benutzen andere Menschen, um sich ihre Wünsche zu erfüllen und sich Vorteile zu verschaffen, sind extrem kritisch gegenüber sich selbst und anderen, sie machen andere Leute herunter und heben in ihnen nur die schlechten anstelle von den guten Seiten hervor, sie missbrauchen Substanzen oder fügen sich auf eine andere Weise physischen und/oder psychischen Schaden zu (ein anderes häufiges Beispiel neben Drogenmissbrauch wäre das Ritzen) und sind entweder nicht in der Lage, die Hilfe von

Freunden und Familie anzunehmen, oder wollen dies einfach nicht.

Jeder toxische Mensch weist natürlich unterschiedlich viele dieser Charakterzüge auf (oder er besitzt andere negative Charakterzüge). Nach der Geschichte und der Aufzählung der häufigsten Eigenschaften von toxischen Menschen muss ich Ihnen wahrscheinlich nicht mehr erklären, warum Sie diese Sorte Mensch auf jeden Fall aus Ihrem Leben entfernen sollten.

Doch vielleicht sind Sie nicht sicher, ob ein Mensch wirklich so schlecht ist, oder ob es nur eine kurze schlechte Phase ist. Oder vielleicht kennen Sie eine toxische Person schon sehr lange und es fällt Ihnen schwer zu akzeptieren, dass Sie ohne diese Person besser dran wären.

Hier sind ein paar Zeichen dafür, dass Sie von einer toxischen Person umgeben sind: Sie sind emotional von ihren Dramen betroffen, Sie mögen es nicht, in Ihrer Nähe zu sein oder fürchten sich sogar davor, sie fühlen sich erschöpft oder wütend während die Person sich in Ihrer Nähe befindet oder nachdem Sie Zeit mit ihr verbracht haben.

Sie fühlen sich Gefangen in dem Gedanken, der Person zu helfen und sich um Sie zu kümmern, Sie haben das Gefühl von der Person manipuliert zu werden.

Testen Sie die Person ganz genau und erinnern Sie sich an frühere Erlebnisse mit ihr, um keine voreiligen Schlüsse zu ziehen. Es könnte z.B. sein, dass die Person zurzeit eine schwere Phase durchmacht, von der sie Ihnen noch nichts erzählt hat, und sie deswegen in der letzten Zeit auf Sie toxisch wirkt. Sie sollten auf gar keinen Fall wegen eines falschen Verdachts eine „normale" Person loswerden.

Wenn Sie zu dem Entschluss gekommen sind, eine toxische Person in Ihrem Umfeld gefunden zu haben, können Sie, bevor Sie komplett den Kontakt abbrechen, auch erst einmal probieren, die Person zu ändern und eventuelle Probleme aus der Welt zu schaffen.

Reden Sie mit der unter verdacht stehenden Person und erklären Sie ihr, was sie falsch macht und wie Sie sich dabei fühlen. Falls erst gar nicht auf ein Gesprächsversuch eingegangen wird oder sich nach dem Gespräch trotzdem keine Veränderung zeigt, ist die Person definitiv jemand, den Sie aus Ihrem Leben schaffen sollten!

Wenn solche Menschen erst einmal weg sind, wird sich einiges in Ihrem Leben zum Positiven

verändern und ein weiterer Schritt in ein
glücklicheres Leben wird getan sein!

3.4 Falsche Freunde erkennen und loswerden

Neben toxischen Menschen existiert noch eine andere Sorte Mensch, die Sie auf gar keinen Fall in Ihrem Bekanntenkreis akzeptieren sollten: Falsche Freunde.

Mit dem Begriff "falscher Freund" meine ich aber nicht die klassische Definition, nämlich eine Person, die nur vorgibt ein Freund zu sein (solche Personen sollten Sie zwar auch nicht tolerieren, aber diese Leute gehören auch zu den „toxischen Menschen" und werden daher nicht weiter erwähnt). Ich meine die Leute, bei denen Sie nicht sicher sind, wie Sie zu ihnen stehen und/oder wie sie zu Ihnen stehen.

Es geht um die Leute in Ihrem Bekanntenkreis, bei denen Sie sich vor jedem Treffen Fragen stellen wie „macht es mir wirklich Spaß, mich mit ihnen zu treffen?" „Macht es ihnen überhaupt Spaß sich mit mir zu treffen?"

Diese Leute sind mindestens genauso gefährlich wie toxische Menschen, wenn nicht sogar in manchen Fällen noch gefährlicher.

Warum? Weil sie dazu neigen schleichend Teil Ihres Lebens zu werden und dann nie wieder zu gehen.

Wenn ein toxischer Mensch Sie zum Essen einlädt, ist die Antwort darauf einfach. Sie wissen mittlerweile, wie schädlich die Person für Sie ist, also sagen Sie ab und treffen sich nicht mit ihr. Bei den „falschen" Freunden ist es nicht so einfach. Eine Antwort auf eine Einladung von ihnen zu geben, erfordert

Energie, da Sie für gewöhnlich lange
nachdenken müssen, bevor Sie eine klare
Aussage machen können.

Ihre emotionale Energie ist begrenzt und wenn
Sie eine introvertierte oder ambivertierte
Person (eine ambivertierte Person besitzt
sowohl Charakterzüge von einer introvertierten
als auch von einer extrovertierten Person) sind,
ist diese Grenze schnell erreicht. Abgesehen
von der emotionalen Zeit beeinträchtigen
„falsche" Freunde auch Ihre mentale Zeit, also
die Zeit, die Sie mit Überlegen, Verarbeiten
u.s.w benutzen.

Auch wenn es manche nicht zugeben wollen,
möchte dennoch jeder von uns gemocht
werden. Den Großteil der mentalen Zeit am
Tag dafür zu benutzen, darüber
nachzudenken, ob Jemand uns mag oder
nicht, ist trotzdem eine Verschwendung

mentaler Energie. Was „falsche" Freunde
ebenfalls so gefährlich macht, ist die Tatsache,
dass wir sie oft nur nach einer langen Zeit
bemerken.

Manchmal kann es Jahre dauern, bis man
versteht, dass man mit einer Person lieber den
Kontakt hätte abbrechen sollen. Um zu
verhindern, dass auch Sie eine so lange Zeit
brauchen, habe ich für Sie so etwas wie eine
Kontrollfrage: Haben Sie jemals daran
gezweifelt, dass die Person sich ohne
Hintergedanken für Sie gefreut hat?

Wenn Sie sich diese Frage stellen und Sie bei
der Antwort darauf vollkommen ehrlich sein
können, werden Sie erfahren, ob die Person
die richtige für Ihr Umfeld ist.

3.5 Bestätigung anderer Leute

Wir geben anderen Leuten viel zu viel Kontrolle über unser Leben. Vielleicht kennen Sie das: Sie gehen einen Weg entlang, um einkaufen zu gehen oder etwas anderes zu erledigen.

Ihnen begegnet eine fremde Person und schon erwischen Sie sich dabei, wie Sie darüber nachdenken, was die Person wohl von Ihnen hält. „Wie sieht meine Kleidung aus?" „Wie wirkt meine Gangart?"

Diese und viele weitere Fragen schwirren in Ihrem Kopf herum, obwohl Sie die Person nicht einmal kennen.

Sie sind immer sehr nett und zuvorkommend. Und das nur, um Anderen zu gefallen. Wenn

Sie sich in diesem Verhaltensmuster wiedererkennen, geht es Ihnen wie vielen anderen Menschen: Es ist Ihnen wichtig, was andere Leute über Sie denken (diese Leute nennt man „people pleaser").

Dabei ist es egal, ob die andere Person Ihnen nahe steht oder ob sie ein komplett Fremder ist. Warum Sie diese Einstellung loswerden und durch eine Andere ersetzen sollten, um glücklicher zu werden, erfahren Sie in diesem Kapitel.

Beschäftigen wir uns erst einmal mit der Grundfrage: Warum versuchen Sie überhaupt, anderen zu gefallen?

Sie besitzen ein gewisses Selbstbild. In Ihrem Kopf haben Sie dieses Bild von sich, dass Ihnen zeigt, wie Sie aussehen, wie Sie auf andere Menschen wirken u.s.w. Als ein „people pleaser" ist Ihr Selbstbild etwas spezieller als das von Anderen. Mit ziemlicher Sicherheit wird Ihr Selbstbild das eines gutherzigen, sozialen Menschen sein.

Sie sind nicht wie die vielen anderen schlechten Menschen, die sich nicht für die Gefühle oder das Wohlergehen ihrer Mitmenschen interessieren.

Sie wollen es unbedingt vermeiden, die Gefühle anderer zu verletzen und Sie besitzen den Willen, das Richtige auf dieser Welt zu tun. Dies ist das Bild Ihres idealen selbst (Ihrer Meinung nach). Für dieses Selbstbild suchen Sie Beweise.

Sie möchten unbedingt von Anderen bestätigt bekommen, dass Sie dieser gutherzige, soziale Mensch auch wirklich sind. Diese Bestätigung wird bei allen möglichen Personen gesucht:

Bei Ihrem Chef, Ihren Eltern, Ihrem
Lebenspartner, Ihren Freunden, aber auch bei
Fremden.

Es ist schwer, von vielen Menschen die
gewünschte Bestätigung zu bekommen, also
arbeiten Sie dafür hart. Manchmal jedoch,
bekommen Sie das genaue Gegenteil von dem
zu hören, was Sie sich erhoffen.

Wenn das passiert, setzen Sie alles daran,
diese Aussage zu widerlegen und sich zu
rechtfertigen. Im Prinzip arbeiten Sie darauf
hin, so viele positive Meinungsäußerungen wie
möglich zu bekommen und die negativen so
gering wie möglich zu halten.

Einer der Wege, wie Sie darauf hinarbeiten, ist
der der Einfühlsamkeit. Das Problem an dieser
Einfühlsamkeit ist, dass sie in Ihrem Fall eher

eine Falle darstellt als eine gute
Umgehensweise.

Es ist regelrecht ein fundamentales Problem,
dass Sie beseitigen sollten. Im Grunde ist es
nichts Schlechtes, wenn es einem nicht egal
ist, was Andere denken und fühlen.

Diese Einstellung sollte in dem Handeln einer
Person aber auf keinem Fall die Oberhand
gewinnen. Von Natur aus ist der Mensch
eigentlich sehr egoistisch.

Was, wenn man mal darüber nachdenkt, auch
durchaus Sinn ergibt. Um in der Wildnis zu
überleben, mussten wir in gewisser Weise
egoistisch sein. Stellen Sie sich einmal vor, der
Mensch hätte die Gefühle anderer Tiere oder
fremder Stämme über die eigenen Bedürfnisse
gestellt.

Was wäre aus uns geworden? Wären wir vielleicht schon längst ausgestorben? Zum Glück existiert diese egoistische Natur jedoch, auch wenn viele von uns sie leugnen, darunter Sie mit eingeschlossen.

Eine Zeit lang können Sie diese Natur erfolgreich leugnen. Irgendwann wird die egoistische Natur in Ihnen aber versuchen, wieder die Oberhand zu gewinnen. Wenn das passiert werden Sie anfangen, sich nicht mehr vollkommen zu fühlen. Es werden Probleme in Ihrem Leben und Ihren Beziehungen auftreten.

Sie werden mit der Zeit immer unglücklicher werden, was der Grund ist, warum ich dieses Thema anspreche. Nach den Informationen, die ich Ihnen gegeben habe, wird sich als people pleaser Ihr Gehirn nun Fragen stellen wie „Ist es jetzt etwa schlecht, sich um andere Leute zu kümmern?" „Sagen Sie mir etwa, dass ich von nun an ein schlechter Mensch werden soll, um glücklich zu sein?".

Natürlich müssen Sie das nicht. Ihr Gehirn lässt Sie das aber denken, weil Sie immer noch ein gewisses schwarz/weiß denken besitzen. Für Sie existieren zwei Seiten: Einerseits der soziale, liebevolle, gute Mensch, den Sie verkörpern, andererseits der kaltherzige und schlechte Mensch, der sich kein bisschen für seine Mitmenschen interessiert.

Den Weg, den Sie in Zukunft für mehr Glück gehen werden, ist der, der in der Mitte dieser zwei Extreme verläuft.

Es ist der Weg des Menschen, der sich weder von positiven noch von negativen Meinungen seiner Mitmenschen beeinflussen lässt, der auf seine eigenen Werte vertraut und der trotzdem ein gutes Herz besitzt und die Gefühle anderer nicht einfach so verletzen würde. Als people pleaser haben Sie Ihre eigenen Werte und Träume beiseite geschoben, Sie haben sie zweitrangig werden lassen.

Das hindert Sie daran, sich selbst zu verbessern und als Mensch zu wachsen. Und das alles nur wegen der Meinung eines Anderen. Denken Sie einmal über diese ganze Sache nach.

Was ist eigentlich eine Meinung? Eine Meinung ist nur ein Gedanke, etwas Imaginäres aus dem Kopf einer Person. Ist es nicht lächerlich, sich von etwas Imaginärem so kontrollieren zu lassen?

Mit Ihrem Leben haben Sie eine gewisse Macht und Verantwortung. Die Macht, Dinge zu verändern und nach Ihren Wünschen zu

formen. Wollen Sie die Macht, über Ihr Leben
zu entscheiden, wirklich in die Hände anderer
Leute legen, die nicht dieselben Werte und
Träume besitzen wie Sie? Um ein
glücklicheres Leben zu führen, müssen Sie das
verhindern.

Fragen Sie sich zunächst, was genau Ihre
Werte eigentlich sind. Was halten Sie für
richtig, was für falsch? Was wollen Sie in
dieser Welt verändern?

Nehmen Sie sich dafür ruhig etwas zeit,
immerhin werden die Werte, die Sie für sich
herausfinden, in Zukunft Ihr Leben bestimmen.
Fangen Sie, wenn Sie diese Findungsphase
hinter sich haben, damit an, Ihren Werten
entsprechend zu handeln und lassen Sie sich
dabei nicht von den Meinungen oder
Bewertungen Anderer beeinflussen.

Auch wenn Sie den Grundgedanken, den ich Ihnen näher bringen möchte, verstanden haben, fragen Sie sich vielleicht immer noch, warum die Bewertungen und Meinungen Anderer denn eigentlich so schlimm sind.

Brauch man nicht manchmal die Bewertung Anderer, wenn man z.B. herausfinden möchte, ob ein neues Geschäftsmodell Erfolg haben wird? Ja und nein. Das Problem ist nämlich nicht die Bewertung an sich, sondern Ihre emotionale Bindung dazu. Sie sehen die Meinungen und Bewertungen von außen nämlich als Bestätigung, die Sie brauchen.

Die Angst, ohne die ständige Bestätigung ein schlechter Mensch zu werden, ist aber vollkommen unsinnig und ohne sie wird es Ihnen im Leben viel besser gehen.

Wie bereits erwähnt, ist sowohl positive als auch negative Kritik schlecht für Sie. Warum negative Kritik nicht gut ist, lässt sich leicht nachvollziehen.

Aber warum ist eine aufmunternde, positive Kritik ebenso schlecht? Auch hier liegt es wieder mehr an Ihrer Einstellung, als an der Sache selbst. Ihre Einstellung, die positive Kritik zu brauchen sorgt nur für Probleme.

Wenn Sie diese nämlich einmal nicht bekommen, hinterfragen Sie sich direkt selbst, was oft zu Traurigkeit und Unzufriedenheit führt. Wie lösen wir dieses Problem?

Zunächst ist es wichtig, dass Sie sich offen und ehrlich eingestehen, dass Ihre aktuelle Einstellung zu nichts führt. Sie müssen selbst wissen, dass Sie etwas daran ändern sollten. Setzen Sie in Zukunft wie besprochen auf Ihre

eigenen Werte und werden Sie unabhängig
von den Meinungen Anderer!

Diese Umwandlung wird nicht von Heute auf
Morgen passieren, aber durch sie werden Sie
ein rundum glücklicherer und zufriedenerer
Mensch!

3.6 Schließen Sie mit Ihrer Vergangenheit ab

Wir alle haben Abschnitte unseres Lebens, die wir gerne vergessen würden. Ob den Tod eines Familienmitgliedes, eine harte Zeit ohne Geld oder andere Erlebnisse, die Vergangenheit spielt für viele auch noch in der Gegenwart eine große Rolle.

So kann eine traumatische Vergangenheit psychische Störungen in der Gegenwart zufolge haben. Um langfristig glücklich zu werden, müssen Sie mit Ihrer Vergangenheit abschließen.

Sie dürfen sie nicht einfach nur verdrängen und so ein angenehmes Leben führen, bis sie wieder zum Vorschein kommt. Die folgenden

Tipps werden Ihnen dabei helfen, mit Ihrer Vergangenheit ins Reine zu kommen und mit Enthusiasmus in die Zukunft zu blicken. ACHTUNG: Dies sind nur Hilfen. Wenn Sie unter einem ernsthaften Trauma leiden, suchen Sie sich spezielle Hilfe.

1. *Akzeptanz*

Die Vergangenheit ist und bleibt Vergangenheit. Sie kann nicht mehr geändert werden und sich den Kopf über sie zu zerbrechen bringt Ihnen nichts als Ärger.

Akzeptieren Sie, dass vergangene Ereignisse geschehen sind und das Sie daran nichts mehr ändern können.

2. Erledigen Sie, was Sie erledigen müssen

Möglicherweise bringt Ihre Vergangenheit einige Lasten mit sich, die noch ungeklärt sind. Tun Sie, wenn möglich, alles dafür, um diese

Lasten loszuwerden. Egal wie unangenehm ein Gespräch mit jemandem sein sollte oder wie schwer das Eingeständnis eines Fehlers.

Tun Sie, was zu tun ist und Sie haben einen großen Schritt in die richtige Richtung gemacht.

Nachdem Sie diese 2 Tipps beherzigt haben, sollten Sie mit Ihrer Vergangenheit abgeschlossen haben. Fertig!

3.7 Glückshormone

Gehen wir das Glücklich werden einmal etwas
wissenschaftlicher an. Es existieren 4
Hormone, die nachweislich glücklich machen,
sogenannte Glückshormone.

In diesem Kapitel stelle ich Ihnen diese 4
Glückshormone vor und gebe Ihnen Tipps und
Praktiken, wie Sie diese erreichen können.

Glückshormon: Dopamin

Das erste Hormon, dass ich Ihnen vorstelle, heißt Dopamin. Dopamin ist ein Botenstoff im Gehirn und sorgt dafür, dass Sie motiviert sind und in Aktion treten.

Anzeichen einer geringen Ausschüttung von Dopamin sind Selbstzweifel und Demotivation. Abgesehen davon, dass Dopamin ein Glückshormon ist, kann es außerdem auch die Durchblutung im Körper steigern.

Ausgeschüttet wird Dopamin, wenn Sie sich Ziele setzen und diese erreichen. Daher habe ich hier 3 Geheimnisse, wie Sie Ihre Ziele besser setzen und erreichen können.

1) Seien Sie sehr genau. Die Aussage „Ich möchte viel Geld haben" ist kein Ziel, sondern ein Wunsch. Ein gesetztes Ziel wäre folgende

Aussage: „Ich werde 100.000 Euro bis zum Ende dieses Jahres verdient haben."

Damit Sie Ihr Ziel richtig setzen können, müssen Sie es genau und detailreich definieren. Eine grobe Aussage reicht nicht aus. Ich bleibe beim Beispiel Geld verdienen, da es ein sehr einfaches Beispiel ist.

Was Sie nach der Setzung Ihres Zieles tun sollten, ist es in kleinere Stücke zu zerlegen. Was müssen Sie tun, auf was müssen Sie sich konzentrieren, auf welche Weise müssen Sie sich verbessern?

Es ist sehr wahrscheinlich, dass Sie sich in manchen Bereichen verbessern müssen, um an Ihr Ziel zu kommen. Bei dem beschriebenen Beispiel mit den 100.000 Euro in einem Jahr würden Sie das Ziel wie folgt zerlegen: Zunächst ausrechnen, wie viel Geld Sie dafür im Monat verdienen müssen, danach wie viel in der Woche und schließlich wie viel am Tag.

Diese Summe zu erreichen, würde Ihr tägliches Ziel werden, jeden Tag würden Sie sich erneut fragen: "Was muss heute erledigt werden, damit ich mein tägliches Einkommen generieren kann?

2) Setzen Sie sich Ziele in den wichtigsten Aspekten Ihres Lebens. Empfohlen sind hier 4 Aspekte: Zunächst die Gesundheit, denn ohne Gesundheit funktioniert nichts.

Egal, wie viele Kontakte Sie haben oder wie viel Geld Sie besitzen, wenn Sie nicht gesund sind, bringt Ihnen das alles nichts. Zweitens, ein persönliches Ziel.

Ein persönliches Ziel könnte mehr Zeit mit Freunden und Familie sein oder etwas mit

Ihrem Hobby zu tun haben. Das dritte empfohlene Ziel ist ein finanzielles oder geschäftliches Ziel.

Erfüllen Sie sich mit diesem Ziel Ihre finanziellen Träume. Das letzte Ziel ist ein Beitragsziel. Mit „Beitrag" meine ich, wen Sie beeinflussen, wem Sie helfen u.s.w. Ihr Ziel könnte es z.B. sein, Ihr Wissen an lernwillige Leute weiterzugeben oder einer Naturschutzorganisation zu helfen. Wie gesagt, sollten Sie sich im Leben diese 4 Arten von Zielen setzen. Beachten Sie dabei aber, dass Sie sich immer nur auf eines konzentrieren.

Wenn Sie bei allen vier Zielen 25 % geben anstelle von 100% bei einem, werden Sie keines der Ziele erreichen. Der Mensch ist einfach nicht für Multitasking geschaffen. Wenn Sie etwas erreichen wollen, müssen Sie sich zu 100 % auf dieses Ziel konzentrieren.

3) Das 4-Schritte-Programm um Ihr Ziel zu erreichen.

1: Setzen Sie Ihr Ziel. Damit meine ich nicht nur im Kopf. Nehmen Sie sich einen Stift und schreiben Sie Ihr Ziel auf ein Blatt Papier. Das brauchen Sie, nämlich für Schritt

2: Sehen Sie Ihr Ziel. Hängen Sie das Blatt Papier (oder mehrere davon) an Ihren Arbeitsplatz oder in Ihre Küche. Sorgen Sie dafür, dass Sie mehrmals am Tag an Ihre Zielsetzung erinnert werden. Danach folgt

Schritt 3: Leben Sie Ihr Ziel. Nehmen wir als Beispiel das Ziel, sich einen Bugatti Veyron zu kaufen. In diesem Fall sollten Sie den Wagen mehrmals probe fahren, bis er tatsächlich Ihnen gehört. Es gibt ein Sprichwort, das besagt: „Man muss sich in seinem

Wunschleben sehen können, bevor man es ausleben kann". Der letzte Schritt wäre dann

Schritt 4: Teilen Sie Ihr Ziel mit Anderen. Warum Sie das tun sollten, werden Sie sich vermutlich selbst beantworten können. Denken Sie gerade etwas wie: „Ich möchte meine Ziele aber nicht mit anderen Leuten teilen.

Wie unangenehm wäre es, wenn ich mein Ziel nicht erreiche und dann alle wissen, dass ich es nicht geschafft habe?"

Und genau das ist es, was Ihnen den letzten nötigen Schubser in Richtung Ziel gibt. Wenn Sie diese 3 Geheimnisse befolgen, werden Sie Ihre Ziele erreichen und dadurch ein viel glücklicherer Mensch werden.

Glückshormon: Serotonin

Das zweite Glückshormon, dass ich Ihnen hiermit vorstelle, nennt sich Serotonin. Dieses wird ausgeschüttet, wenn Sie sich bedeutsam oder wichtig fühlen.

Bei mangelndem Serotonin werden Sie sich alleine fühlen und können sogar erste Anzeichen einer Depression bekommen. Auf folgende Weise können Sie Ihr Serotonin natürlich (ohne verschriebene Medikamente) erhöhen.

Die erste Möglichkeit ist die Erhöhung durch verschiedene Nährstoffe. Nährstoffe, die Ihr Serotonin erhöhen, sind folgende:
L-Tryptophan (eine Aminosäure), Vitamin B3 und Vitamin B6, Magnesium und Zink.

Als Aminosäure finden Sie L-Tryptophan in jedem proteinhaltigen Gericht wie z.B. ein Steak oder ein Fischfilet. Vitamin B3 und Vitamin B6 können Sie durch die tägliche Einnahme eines Vitamin-B-Komplexes erhalten.

Setzen Sie sich dafür mit Ihrem Hausarzt in Kontakt und lassen Sie sich eine Empfehlung geben. Bei Magnesiummangel sinkt Ihr Serotoninspiegel, also sollten Sie zu jeder Zeit auf Ihr Magnesium achten!

Magnesium können Sie entweder durch Nahrungsergänzungsmittel zu sich nehmen oder Sie können auch hier mit Essen arbeiten. Lebensmittel mit viel Magnesium sind Vollkornprodukte, Kleie, Haferprodukte, Reis, grünes Gemüse, Sesamsamen, Sonnenblumenkerne, Nüsse, Bohnen und Erbsen. Es ist also von großem Vorteil für

Ihren Serotoninspiegel, wenn Sie diese Lebensmittel öfters zu sich nehmen.

Bei mangelndem Zink sollten Sie wiederum folgendes zu sich nehmen: Schalentiere, rotes Fleisch, Hülsenfrüchte, Getreide, Geflügel, Fisch, Milchprodukte und Eier.

Die zweite Möglichkeit neben der Erhöhung durch Nährstoffe ist dafür zu sorgen, dass Sie sich wichtiger und bedeutender fühlen. Denken Sie dafür öfters einmal darüber nach, was passieren würde, wenn Sie nicht mehr auf dieser Welt wären.

Dadurch werden Sie bemerken, welchen Einfluss Sie eigentlich auf Ihr Umfeld besitzen. Durch Meditationen und subliminal Messages können Sie Ihr Gefühl von Wichtigkeit und damit auch Ihr Serotonin ebenfalls erhöhen.

<u>Glückshormon: Oxytocin</u>

Das dritte Glückshormon, Oxytocin, ist auch bekannt als das "Kuschelhormon".

Es bekam seinen Namen dadurch, dass man durch die Ausschüttung von Oxytocin Menschen mehr vertraut und sich auf intimere Beziehungen mit Ihnen einlässt.

Hier sind 11 bewiesene Wege/Tätigkeiten, die Ihr Oxytocin erhöhen.

1: Berührungen
Umarmen Sie geliebte Menschen öfter und haben Sie mehr Körperkontakt mit Ihnen.

2: Komplimente
Geben Sie Anderen mehr Komplimente und wissen Sie es zu schätzen, wenn Sie welche bekommen.

3: Aufmerksamer zuhören

Lernen Sie, Ihrem Gegenüber nicht nur
zuzuhören, weil Sie eine Antwort geben
müssen. Sind Sie offen und versuchen Sie,
sich wirklich für die Erzählungen Ihres
Gegenübers zu interessieren.

4: Lachen

Versuchen Sie, mehr zu lachen. Schauen Sie
sich witzige Videos im Internet an oder
verbringen Sie Zeit mit jemandem, der Sie
regelmäßig zum Lachen bringt.

5: Meditation

Wenn Sie die Tipps aus „1.1 Gewohnheit Nr.1:
Meditationspraktiken" befolgt haben, müssen
Sie nichts Weiteres tun.

6: Gebete

Wenn Sie ein gläubiger Mensch sind, kann
Beten bei der Erhöhung von Oxytocin
beitragen.

7: Yoga

Probieren Sie verschiedene Yogaarten aus, bis
Sie eine gefunden haben, die Ihnen gefällt.
Tipp: Das „Ying-Yoga" eignet sich sehr gut für
diesen Zweck.

8: Weinen

Lassen Sie Ihren Gefühlen freien lauf. Wenn
Sie weinen müssen, weinen Sie. Dabei ist es
allerdings wichtig, dass Sie das Weinen nicht
erzwingen, sondern dass es natürlich kommt.

9: Gutes tun

„Jeden Tag eine gute Tat" Wenn Sie diesem alten Sprichwort versuchen zu folgen, wird sich Ihr Oxytocinlevel erhöhen.

10: Tiere

Besorgen Sie sich ein Haustier oder verbringen Sie generell mehr Zeit mit Tieren.

11: Kreativ sein

Eine Tätigkeit, die Ihre Kreativität fordert, fördert die Produktion von Oxytocin.

Glückshormon: Endorphin

Das letzte Glückshormon, Endorphin, ist wohl das Bekannteste unter den vier. Viele Leute haben zumindest schon einmal davon gehört und können es mit Glück in Verbindung setzen.

Endorphine helfen gegen Angst und bekämpfen Depressionen. Am stärksten wird Ihre Endorphinausschüttung durch Sport erhöht. Dabei ist es nicht wichtig, welche Sportart es ist. Treiben Sie einfach den Sport, der Ihnen am meisten Spaß macht.

Eine andere Möglichkeit wäre die Erhöhung durch Essen. Essen Sie öfters Schokolade (so dunkel wie möglich, aber nur so dunkel, dass es Ihnen noch schmeckt), Chilischoten (oder Gewürze mit Chili) und Süßigkeiten (oder andere Lebensmittel, die reich an Kalorien sind).

Außerdem können mehr soziale Kontakte zu einer erhöhten Endorphinausschüttung beitragen.

Zusammenfassung „Glück"

➡Es gibt viele Wege, glücklich zu werden. Daher sind nicht alle der folgenden Tipps etwas für Sie. Folgende Praktiken/Tipps werden Sie glücklicher machen.

1. Beschweren Sie sich weniger

➡Beschweren passiert oft automatisch

➡Beschweren schadet Ihnen

➡Je öfter Sie sich beschweren, desto öfter werden Sie es auch in Zukunft (beschweren lässt das Gehirn negativ denken)

➡Beschweren kann zu einer Standard-Verhaltensweise werden

➡Bei Verlangen nach dem Beschweren gibt es 2 Reaktionsweisen

1)Anstelle des Beschwerens die Aufmerksamkeit auf etwas richten, wofür Sie dankbar sind

2)Beschweren mit dem Ziel eines positiven Endresultates

2. Fangen Sie jetzt an!

➡ Fangen Sie an, auf Ihren Traum hinzuarbeiten

➡ Alles ist möglich. Egal, welchen Traum Sie haben, Sie können ihn verwirklichen!

3. Toxische Menschen

➡ Toxische Menschen sind Menschen mit negativem Einfluss

➡ Typische Eigenschaften eines toxischen Menschen: Sie machen aus ihrem Leben ein Drama oder sind wirklich in eins verwickelt, sie versuchen andere Leute zu manipulieren oder zu kontrollieren, sie sind sehr bedürftig, sie benutzen andere Menschen um ihre Ziele zu erreichen, sie machen andere Leute nieder und heben nur die schlechten Seiten einer Person hervor, sie missbrauchen Substanzen oder fügen sich anderweitig psychischen oder physischen Schaden zu, sie sind nicht in der Lage, die Hilfe von Freunden oder Familie anzunehmen.

Jeder toxische Mensch weist unterschiedlich viele dieser Eigenschaften auf oder auch andere negative Eigenschaften
➡Zeichen, dass Sie von einer toxischen Person umgeben sind: Sie sind emotional von den Dramen der Person betroffen, Sie mögen das Dasein der Person nicht oder fürchten sich sogar davor, Sie fühlen sich wütend oder erschöpft während die Person in Ihrer Nähe ist/nachdem die Person in Ihrer Nähe war, Sie fühlen sich verpflichtet der Person zu helfen, Sie haben das Gefühl manipuliert zu werden
➡Sie müssen toxische Menschen unbedingt aus Ihrem Leben loswerden!

4. Falsche Freunde erkennen und loswerden

➡Falsche Freunde= Die Personen, bei denen Sie nicht sicher sind, wie Sie zu ihnen stehen und wie sie zu Ihnen stehen

➡Solche Menschen neigen dazu, sich in Ihr Leben einzuschleichen und dann dort zu bleiben. Daher sind sie ebenso gefährlich, wie toxische Menschen

➡Wenn Sie so eine Person einlädt, braucht es Energie, um die Frage zu beantworten. Das fordert emotionale Energie, die begrenzt ist

➡Oft bemerkt man falsche Freunde erst nach einer langen Zeit. Stellen Sie sich um das zu verhindern folgende Kontrollfrage: Haben Sie jemals daran gezweifelt, dass sich die Person ohne Hintergedanken für Sie gefreut hat?

➡Werden Sie genau wie die toxischen Menschen auch falsche Freunde los. Sie machen Sie unglücklich und sind Ihre Zeit nicht Wert!

5. Bestätigung anderer Leute

➡Sie geben anderen Leuten zu viel Kontrolle über Ihr Leben

➡Als „people pleaser" ist es Ihnen wichtig, was andere über Sie denken. Ihr Selbstbild ist das eines sozialen, gutherzigen Menschen

➡Dieses Selbstbild wollen Sie bestätigt bekommen

➡Sie arbeiten darauf hin, positives und kein negatives Feedback zu erhalten. Einer der Wege dorthin: Einfühlsamkeit.

➡Zu viel Einfühlsamkeit spielt gegen die egoistische Natur des Menschen. Diese Natur wird irgendwann versuchen, wieder die Oberhand zu gewinnen. Wenn das passiert, werden Sie sich nicht mehr vollkommen fühlen und es werden Probleme in Ihrem Leben auftauchen.

➡Ihr Gehirn lässt Sie denken, dass es 2 Arten von Menschen gibt: Den sozialen, gutherzigen und den kaltherzigen, schlechten Mensch

➡Sie müssen den Weg dazwischen gehen: Auf die eigenen Werte vertrauen und dementsprechend einen eigenen Weg gehen. Dabei nicht auf die Meinungen Anderer achten (weder positive noch negative Meinungen)

6. Mit der Vergangenheit abschließen

➡Sie müssen mit einer eventuellen negativen Vergangenheit abschließen, um langfristig glücklich werden zu können

➡Akzeptieren Sie, dass Sie nichts mehr an der Vergangenheit ändern können

➡Klären Sie eventuelle ungeklärte Streitigkeiten oder ähnliches aus der Vergangenheit

7. Glückshormone

➡️ Es gibt 4 Glückshormone (Hormone, deren Ausschüttung uns glücklich machten)

➡️ Dopamin: Lässt sich durch das Setzen von Zielen und das Erreichen dieser erhöhen

➡️ Serotonin: Lässt sich erhöhen, indem Sie sich bedeutsam und wichtig fühlen

➡️ Oxytocin: Lässt sich erhöhen, indem Sie Menschen vertrauen und mit ihnen eine innige Beziehung eingehen

➡️ Endorphin: Lässt sich durch viel Sport erhöhen

Schlusswort

Ich hoffe, dieses Buch hat es Ihnen ermöglicht, ein besseres Leben mit mehr Zufriedenheit, Achtsamkeit und natürlich Glück zu führen. Denken Sie daran: Gut Ding will Weile haben, also sind Sie nicht frustriert, falls gewünschte Ergebnisse nicht schnell genug kommen.

Es ist normal, dass ein solcher Wandel Zeit braucht:

Viel Spaß und Erfolg in Ihrem neuen Leben!

Max Krone

Haftungsausschluss und Impressum

Der Inhalt dieses Buches wurde mit sehr großer Sorgfalt
erstellt und geprüft.
Für die Richtigkeit, Vollständigkeit und Aktualität des
geschriebenen kann jedoch keine
Garantie gewährleistet werden.

Sowie auch nicht für Erfolg oder Misserfolg bei der
Anwendung des gelesenen.
Der Inhalt des Buches spiegelt die persönliche Meinung
und Erfahrung des Autors wider.
Der Inhalt sollte so ausgelegt werden, dass er dem
Unterhaltungszweck dient.
Er sollte nicht mit medizinischer Hilfe verwechselt
werden.

Juristische Verantwortung oder Haftung für
kontraproduktive Ausführung oder falsches
Interpretieren von Text und Inhalt wird nicht
übernommen.

Impressum
Autor: Max Krone
vertreten durch:
Markus Kober
Kreuzerwasenstraße 1
71088 Holzgerlingen